EXTRAIT

DE L'INSTRUCTION GÉNÉRALE

SUR LA CONSCRIPTION.

FONCTIONS DE LA GENDARMERIE.

PRIX : 75 CENT.

A PARIS,

CHEZ FIRMIN DIDOT, IMPRIMEUR
DE L'INSTITUT, ET GRAVEUR DE L'IMPRIMERIE
IMPÉRIALE, RUE JACOB, Nº 24.
1813.

AVERTISSEMENT.

Autorisé à réimprimer l'Instruction générale sur la Conscription, j'ai cru devoir en faire un Extrait pour la Gendarmerie. L'édition originale est entre les mains du capitaine de cette arme dans chaque département ; mais les sous-officiers et gendarmes étant chargés d'escorter et de surveiller les détachements de Conscrits pendant la route ; de poursuivre les insoumis et les réfractaires ; d'escorter les convois de réfractaires, etc., il m'a paru indispensable qu'ils connussent particulièrement les devoirs qu'ils ont à remplir.

Je n'ai joint à l'Extrait pour la Gendarmerie que la feuille d'arrestation ; les autres modèles cités dans cet Extrait font partie de l'édition originale, et les Capitaines à qui elle a été adressée doivent les faire connaître à leurs brigades.

L'extrait contient TEXTUELLEMENT les dispositions de l'Instruction générale qui concernent la Gendarmerie : il a été collationné avec le plus grand soin sur l'édition originale, et j'y ai fait ajouter une TABLE DE MATIÈRES qui rendra les recherches faciles.

Firmin Didot

EXTRAIT

DE L'INSTRUCTION GÉNÉRALE

SUR LA CONSCRIPTION.

FONCTIONS DE LA GENDARMERIE.

TITRE Iᵉʳ. — CHAPITRE III.

SECTION PREMIÈRE. *Dispositions préparatoires de la vérification des listes.*

ART. 1ᵉʳ (art. 27 de l'Instruction générale.)

Un officier de gendarmerie, et, suivant les circonstances, une ou deux brigades de cette troupe, devront, sur la réquisition du sous-préfet, se trouver au chef-lieu du canton (le jour des opérations) pour maintenir le bon ordre.

SECTION III. *Tirage des conscrits.*

2. (38).

Les conscrits réunis de toutes les communes de chaque canton, les maires, l'officier de gendarmerie et celui de recrutement, devront être tous présens

---

*. Les chiffres entre parenthèses indiquent les numéros des articles dans l'Instruction générale.

au tirage qui aura lieu pour ce canton. Les préfets veilleront spécialement à l'exécution de cette disposition.

Section IV. *Examen des conscrits par le sous-préfet.*

3. (44).

L'examen aura lieu immédiatement après le tirage et séance tenante. Le sous-préfet y procédera publiquement, et en présence des individus qui, en exécution de l'article 27, auront dû se rendre près de lui. Il suivra, pour cet examen, l'ordre d'inscription des conscrits sur la liste du tirage.

Section V. *Indication des Fonctionnaires qui doivent signer la liste du tirage.*

4. (62).

Après avoir donné aux conscrits l'avis prescrit par les articles 60 et 61*, le sous-préfet fera certifier et signer avec lui par tous les fonctionnaires présens à ses opérations, la première expédition de la liste du tirage ; les maires et les conscrits rentreront alors dans leurs communes respectives.

5. (63).

Lorsque le sous-préfet aura ainsi terminé ses opé-

---

* Les art. 60 et 61 de l'Instruction, cités dans ce paragraphe, ne se trouvent point dans cet Extrait, parce que leur disposi-tions ne concernent pas la gendarmerie. La citation de ces articles a été conservée, pour ne pas altérer le texte.

Il en sera de même pour quelques autres citations de cet Extrait.

rations pour un canton, il se transportera dans un autre canton, accompagné de l'officier de gendarmerie, et des officiers et sous-officiers de recrutement de son arrondissement.

CHAPITRE IV.

SECTION II. *Composition des Conseils de recrutement.*

6. (75).

Les membres du conseil qui ne pourront assister à ses séances, seront remplacés, savoir :

1° Le préfet, par un conseiller de préfecture qu'il désignera, et, à défaut de conseiller de préfecture, par le secrétaire général : le remplaçant du préfet préside le conseil ;

2° Le commandant du département, par l'officier général ou supérieur chargé de le suppléer dans le commandement du département ; si aucun officier général ou supérieur n'est chargé de suppléer le commandant du département, ou si l'officier qui le remplace, est de l'arme de la gendarmerie, ce commandant sera suppléé, au conseil de recrutement, par un officier général ou supérieur que le général de la division désignera parmi les militaires en activité sous ses ordres ; enfin, à défaut d'officiers généraux ou supérieurs en activité, le général commandant la division désignera un officier général ou supérieur, jouissant, dans l'étendue de la division, de la solde de retraite ou du traitement de réforme ;

3° Le major (soit que le Ministre de la guerre

n'en ait point désigné, soit que le major désigné
n'ait pu se rendre dans le département, ou que, s'y
étant rendu, il cesse, pour cause de maladie, d'assister aux séances du conseil ; soit qu'il doive quitter le
département avant la clôture de la session ordinaire
du conseil ; soit enfin qu'après cette clôture, il ait
dû quitter le département), par l'officier de gendarmerie le plus élevé en grade parmi les capitaines,
chefs d'escadron , ou chefs de légion en résidence
et présens dans le département, lors même que cet
officier de gendarmerie commanderait le département.

7. (78).

Lorsque le conseil, en session ordinaire , devra se
transporter dans un arrondissement de sous-préfecture, il appellera, pour s'y rendre près de lui, les
officiers et sous-officiers de recrutement de cet arrondissement. Il pourra requérir un officier de gendarmerie et le nombre de gendarmes qu'il jugera nécessaire pour maintenir le bon ordre dans ses séances.
Enfin, il invitera les maires des communes , dont les
conscrits devront comparaître devant lui, à se trouver au lieu le ses séances.

CHAPITRE VI.

SECTION PREMIÈRE. *Itinéraire des Conseils.*

8. (136).

Le préfet fera connaître l'itinéraire du conseil,
au capitaine de recrutement et à celui de la gendarmerie.

Ces deux officiers convoqueront, au lieu où le conseil devra se transporter, ceux des militaires sous leurs ordres qui devront se rendre près de lui.

SECTION VI. *Mode d'examen des conscrits convoqués au chef-lieu.*

9. (298).

Les sous-préfets ne devront pas assister aux séances que le conseil tiendra au chef-lieu du département, à moins qu'il ne juge à propos de les y appeler.

Il en sera de même des maires, des officiers et sous-officiers de recrutement des divers arrrondissemens de sous-préfecture et de canton, et des officiers et sous-officiers de gendarmerie.

TROISIÈME SUBDIVISION. *Des absens.*

10. (351).

Le préfet qui, en exécution des articles ci-dessus, aura reçu d'un autre préfet la liste des conscrits résidens ou présumés résider dans son département, leur fera donner par la gendarmerie, ordre de se présenter sous dix jours au conseil de recrutement de ce département, pour y être examinés et visités, s'il y a lieu. Les conscrits ne pourront se dispenser d'obéir à cet ordre.

I..

TITRE II. — CHAPITRE Ier.

SECTION PREMIÈRE. *Composition des Détachemens de recrutement.*

11. (438).

Le capitaine de recrutement adresse au capitaine de la gendarmerie du département, l'état des officiers et sous-officiers de son détachement, en indiquant la résidence qui leur est assignée.

CHAPITRE III.

SECTION PREMIÈRE. *Convocation et Réunion des Conscrits désignés pour marcher. — Formation des détachemens.*

12. (467).

Les officiers et sous-officiers de recrutement ne pourront, sous quelque prétexte que ce soit, accorder aux conscrits qui devront faire partie des détachemens, une suspension de départ, même d'une journée; ce droit appartient exclusivement au préfet. L'officier de recrutement qui contreviendra à cette disposition, sera désigné au Directeur général.

Tout conscrit porteur d'une permission accordée par les officiers de recrutement, en contravention à cette disposition, devra être arrêté par la gendarmerie.

SECTION II. *Formation des Contrôles de départ.*

13. (473).

Indépendamment du contrôle dont sera porteur

le sous-officier qui devra accompagner le détachement, le capitaine de recrutement lui remettra,

Le nombre d'exemplaires présumé nécessaire de la feuille de signalement dont il est question à l'article 494, et qui est destinée à être remise aux maires, à la gendarmerie, aux économes des hôpitaux et aux capitaines de recrutement, pour les conscrits ou suppléans qui viendraient à déserter en route, ou qui seraient déposés aux hôpitaux, ou qui se mettraient dans le cas d'être conduits au dépôt des réfractaires.

SECTION III. *Escorte des Détachemens.*

14. (476).

La gendarmerie sera requise, au besoin, pour augmenter la force de l'escorte des détachemens, soit au moment de leur départ, soit pendant la route : les brigades de cette troupe se relèveront successivement.

CHAPITRE IV.

SECTION PREMIÈRE. *Itinéraire des détachemens de Conscrits.*

15. (483).

Les capitaines de recrutement qui auront reçu l'avis du passage d'un détachement de conscrits en marche, devront en donner connaissance aux généraux commandans et aux capitaines de gendarmerie de leurs départemens respectifs ; les capitaines de gendarmerie communiqueront cet avis à leurs brigades.

SECTION II. *Des soins et de la surveillance des conscrits en route.*

16. (487).

Le sous-officier chargé d'aller en avant pour les subsistances et le logement, fera connaître aux commandans de la force armée et de la gendarmerie, et au maire du lieu de gîte, la force du détachement, et les invitera à prendre toutes les précautions nécessaires pour prévenir la fuite des conscrits.

17. (488).

Les brigades les plus voisines de la route que les détachemens de conscrits auront à parcourir, devront se rendre sur cette route, le jour du passage de ces détachemens, et y concerter leurs mouvemens de manière à éclairer et fermer la marche de ces détachemens.

18. (491).

Lorsqu'un conscrit ou suppléant n'aura pas répondu à l'un des appels prescrits par l'article précédent, et qu'il se présentera à l'appel suivant, l'officier ou sous-officier conducteur se fera rendre compte des motifs de son absence, et fera surveiller plus particulièrement ce conscrit ou suppléant. Le commandant pourra faire remettre entre les mains de la gendarmerie, le conscrit ou suppléant qui, sans motifs légitimes, aura manqué à trois appels, la gendarmerie le conduira au plus prochain chef-lieu de département, où ce conscrit ou suppléant sera déposé pour être envoyé au dépôt général des réfractaires.

19. (492).

Le commandant du détachement, à son arrivée au gîte d'étape, devra se concerter avec les autorités civiles et militaires, pour que les conscrits soient, autant que possible, logés dans le même local. Il devra également s'entendre avec ces autorités, afin d'assurer l'effet des mesures qui, en exécution de l'article 487, auront dû être prises à l'avance pour prévenir la fuite des conscrits.

SECTION III. *Des conscrits et suppléans qui abandonnent leurs détachemens.*

20. (494).

Le signalement de chaque conscrit ou suppléant qui aura abandonné son détachement, sera extrait du contrôle de départ, et remis par le commandant du détachement au maire et au commandant de la brigade du gîte d'étape le plus voisin.

S'il n'existe pas de brigade de gendarmerie au lieu de gîte, le signalement sera remis à la brigade qui se trouvera la première sur la route que devra parcourir le détachement.

Le feuille de signalement sera conforme au modèle n° 18 ; elle devra indiquer le corps auquel était destiné le conscrit ou suppléant qui aura abandonné son détachement.

21. (495).

Le sous-officier chargé de la tenue du contrôle de départ, se fera donner sur ce contrôle récépissé, par la gendarmerie et par le maire, du signalement prescrit par l'article précédent.

22. (496).

La brigade de gendarmerie qui aura reçu le signalement d'un conscrit ou suppléant ayant abandonné son détachement, devra le communiquer sur-le-champ, par la voie de la correspondance, aux brigades voisines, et faire, de concert avec elles, toutes les perquisitions nécessaires pour découvrir et arrêter le fuyard.

Le fuyard arrêté sera conduit, de brigade en brigade, au chef-lieu du département dans l'étendue duquel l'arrestation aura été effectuée, et envoyé ensuite au dépôt général des réfractaires.

23. (497).

La feuille du signalement du fuyard arrêté, l'accompagnera jusqu'au chef-lieu du département. Elle sera remise au capitaine de recrutement, qui la renverra, revêtue de son récépissé, au capitaine de recrutement du département d'où proviendra le fuyard; ce dernier capitaine informera le corps pour lequel le fuyard était destiné, de son arrestation et de son envoi au dépôt général des réfractaires.

SECTION VI. *Des conscrits et suppléans déposés dans les hôpitaux sur la route.*

24. (508).

Dans le cas où un conscrit ou suppléant s'évaderait

de l'hôpital, l'économe fera mention de l'évasion sur la feuille de signalement qui lui aura été remise, et la rendra à l'officier de recrutement dans l'arrondissement duquel l'hôpital sera placé.

Cet officier fera une copie de ce signalement, et la remettra à la brigade de gendarmerie du lieu, en l'invitant à faire la recherche du conscrit évadé. Le commandant de la brigade donnera récépissé de cette copie sur l'original, qui sera ensuite renvoyé au capitaine de recrutement.

25. (509).

Si le conscrit ou suppléant qui se sera évadé d'un hôpital, vient à être arrêté, il sera conduit, de brigade en brigade, au chef-lieu du département dans l'étendue duquel l'arrestation aura été effectué et envoyée ensuite au dépôt général des réfractaires.

SECTION VI. *Des conscrits ou suppléans remis à la Gendarmerie.*

26. (515).

Si quelques conscrits ou suppléans manifestent, pendant la route, l'intention de quitter le détachement, ou s'ils provoquent les autres conscrits à l'abandonner, ou enfin s'ils montrent de l'insubordination, le commandant du détachement les remettra entre les mains de la brigade de gendarmerie la plus voisine, et rendra compte de ses motifs au général qui inspectera le détachement, au premier chef-lieu de département sur la route.

27. (516).

Les conscrits et suppléans ainsi remis à la gendarmerie, seront conduits, de brigade en brigade, au chef-lieu du département où ils se trouveront au moment où ils auront été remis à la gendarmerie, et seront détenus au dépôt départemental, pour être ensuite envoyés au dépôt général des réfractaires.

28. (517).

L'officier ou sous-officier conducteur du détachement délivrera au commandant de la brigade la feuille de signalement du conscrit ou suppléant qu'il aura remis à cette brigade.

La feuille de signalement contiendra l'indication du corps pour lequel le conscrit ou suppléant était destiné.

L'officier ou sous-officier conducteur annotera, dans la colonne d'observations du contrôle de départ, les motifs pour lesquels le conscrit ou suppléant aura été remis à la gendarmerie, et signera cette annotation.

Le sous-officier porteur du contrôle annotera, à l'article du conscrit ou suppléant, sa remise à la gendarmerie, et se fera donner par le commandant de la brigade, sur le même contrôle, récépissé de l'homme et du signalement.

29. (518).

La feuille de signalement du conscrit ou suppléant remis à la gendarmerie l'accompagnera jusqu'au dépôt départemental. Elle sera remise au capitaine de recrutement, qui la renverra, revêtue de son récépissé, au capitaine de recrutement du département d'où proviendra le conscrit ou suppléant.

SECTION VII. *Inspection par les Généraux commandant les départemens, des Détachemens qui traverseront ces départemens.*

3o. (524).

Si les conscrits ou suppléans ont abandonné le détachement, l'officier général ou supérieur interrogera sur les causes de leur fuite, non-seulement les officiers et sous-officiers conducteurs; mais même les conscrits; il se fera rendre compte des mesures qui auront été prises pour la prévenir, il s'assurera si le lieu où le contrôle indique que la fuite s'est effectuée, n'est pas faussement ou inexactement désigné; enfin, il vérifiera si le contrôle porte le récépissé des brigades de gendarmerie et des maires.

CHAPITRE VI.

SECTION PREMIÈRE. *Des Conscrits partant isolément des départemens où ils ont concouru au tirage.*

31. (542).

Lorsqu'un conscrit marchant isolément sera trouvé par la gendarmerie hors de la route qu'il devra suivre, il sera arrêté et conduit, de brigade en brigade, au chef-lieu de département dans l'étendue duquel l'arrestation aura lieu, et envoyé de là au dépôt général des réfractaires.

32. (543).

Le contrôle de départ dont le conscrit sera porteur, sera remis au capitaine de recrutement du chef lieu où le conscrit sera conduit.

SECTION II. *Des conscrits absens de leur département, et partant du département où ils se trouvent, pour rejoindre le corps auquel ils sont destinés.*

33. (548).

Les dispositions de la section précédente seront appliquées aux conscrits absens voyageant isolément.

Seulement, s'il arrive qu'un conscrit absent ne rejoigne pas dans le délai qui lui aura été fixé; ou s'il s'est mis dans le cas d'être arrêté et conduit au dépôt départemental; ou s'il est entré à l'hôpital; ou s'il meurt en route, les pièces qui le concerneront ne seront pas envoyées au capitaine de recrutement du département d'où il sera parti, mais à celui du département auquel il appartiendra comme conscrit.

SECTION III. *Des conscrits partant des hôpitaux, des chefs-lieux des Divisions militaires.*

34. (557).

Si le conscrit s'évadait de l'hôpital militaire, le capitaine de recrutement du chef-lieu de la division et celui du département auquel le conscrit appartiendra, suivraient, à son égard, la marche tracée par la section IV du chapitre IV du présent titre.

35. (558).

Si les conscrits sortant de l'hôpital pour rejoindre les corps auxquels ils seront destinés, marchent isolément, on se conformera, à leur égard, aux dispositions de la section Ire du présent chapitre.

TITRE VII. — CHAPITRE Ier.

SECTION PREMIÈRE. *Cas dans lesquels les conscrits sont retardataires. — Délais dans lesquels les Retardataires doivent être, 1° dénoncés aux Préfets par les capitaines de recrutement, 2° déclarés réfractaires par les Préfets, 3° condamnés comme tels par les Tribunaux de première instance. — Peines encourues par ces conscrits.*

36. (651).

Tout conscrit appelé, soit comme premier à marcher, soit comme désigné par le sort, soit comme mis à la disposition du Gouvernement pour s'être mutilé, est *retardataire* dans les cas ci-après :

1° S'il n'a pas obéi à l'ordre de départ ;

2° Si, ayant fait partie d'un détachement dirigé sur un corps, il l'a abandonné avant d'avoir été reçu au corps pour lequel il a été destiné ;

3° Si, ayant marché ou dû marcher isolément, il ne s'est pas rendu, dans le délai qui lui a été fixé, au corps auquel il a été assigné ;

4° Si, ayant été mis à l'hôpital, il s'en est évadé, ou si, après en être sorti avec les formalités prescrites, il ne s'est pas rendu au corps ou au dépôt général de réfractaires auquel il a été destiné ;

5° Si, conduit à un dépôt départemental pour être, en qualité de conscrit déclaré premier à marcher, ou de conscrit dont il a été nécessaire de s'assurer, dirigé sur le dépôt général des réfractaires, il s'est évadé avant d'avoir été reçu au dépôt départemental.

Ou si, conduit à une compagnie de pionniers, il ne s'est pas rendu à cette destination ;

6° Si, ayant été dirigé sur le dépôt général des réfractaires pour l'un des motifs spécifiés ci-dessus, il a abandonné, avant l'arrivée à ce dépôt, le convoi dont il a fait partie ;

7° Si, se trouvant dans l'un de ces cas, il s'est évadé du dépôt départemental ou de l'hôpital du chef-lieu ;

8° Si, devenu impropre au service, après son départ et avant d'avoir été reçu dans un corps, il n'a pas, à sa sortie de l'hôpital, ou du dépôt départemental, ou du dépôt général des réfractaires, obéi à l'ordre de comparaître devant le conseil de recrutement, dans le délai qui lui a été fixé ;

9° Enfin si, étant dans l'obligation de fournir un nouveau suppléant ou de marcher lui-même, il n'y a pas satisfait dans le délai fixé ; ou si, ayant été assujetti à fournir un suppléant pour avoir caché ses infirmités ou s'être volontairement mutilé, ou mis hors d'état de servir, il n'en a pas fait recevoir un dans le délai fixé.

37. (662).

Les conscrits qui se seront évadés des mains de la gendarmerie, avant d'arriver à un dépôt départemental de réfractaires, ou à une compagnie de pionniers, seront divisés ainsi qu'il suit :

1° *Conscrits déclarés premiers à marcher pour quelque motif que ce soit, et conscrits dont la réforme aura été annullée, comme ayant été surprise, qui, conduits à un dépôt départemental de réfractaires, se seront évadés en route ;*

2° *Conscrits qui, ayant été extraits, pendant la route, d'un détachement dirigé sur un corps, et remis entre les mains de la gendarmerie, pour être conduits à un dépôt départemental de réfractaires, se seront évadés avant d'arriver à ce dépôt.*

3° *Conscrits envoyés aux pionniers, et évadés avant d'avoir été reçus dans la compagnie pour laquelle ils auront été destinés.*

Les conscrits, dans ces divers cas, seront dénoncés par le capitaine de recrutement au préfet, dans les trois jours de la remise qui lui sera faite par la gendarmerie, de la feuille d'arrestation, pour ceux que comprend le n° premier ; de la feuille de signalement, pour ceux que comprend le n° 2 ; enfin de la feuille individuelle, pour ceux que comprend le n° 3. Ces feuilles porteront avis de l'évasion, ainsi que cela est réglé par la présente Instruction.

Si ces divers conscrits se sont évadés hors du département de leur domicile, le capitaine de recrutement de ce département les dénoncera dans les trois jours de la réception des feuilles d'arrestation ou des feuilles de signalement, ou des feuilles individuelles qui lui auront été renvoyées par le capitaine de recrutement du département où l'évasion aura eu lieu.

Section II. *Publication des jugemens rendus contre les Réfractaires.*

38. (670.)

Aussitôt qu'un conscrit aura été condamné comme réfractaire, le greffier du tribunal délivrera une copie du jugement, pour servir à l'impression de ce jugement.

Si le jugement porte condamnation contre plusieurs conscrits, la copie sera générale et collective.

39. (671).

Le jugement sera imprimé en placard dans les trois jours de sa date. Le nombre des exemplaires à tirer sera fixé par le commissaire impérial, de concert avec le préfet, et d'après les bases ci-après quant à ce qui concerne la poursuite individuelle des condamnés :

1º Un exemplaire pour être affiché à la porte du domicile de chaque conscrit condamné ;

2º Un pour être affiché à la porte du palais du tribunal de première instance ;

3º Un pour être affiché à la porte de la maison du capitaine de gendarmerie du département ;

4º Un pour être affiché à la porte de la maison commune de chaque municipalité dans les cantons dont un ou plusieurs conscrits seront compris dans le jugement ;

5º Un pour le maire de chaque commune à laquelle appartiendront un ou plusieurs conscrits condamnés ;

6º Un pour le sous-préfet de l'arrondissement où les condamnés auront leur domicile légal ;

7° Un pour le capitaine de gendarmerie du département;

8° Un pour le capitaine de recrutement;

9° Un pour la préfecture;

10° Un pour le premier Inspecteur général de la gendarmerie.

Dans tous les cas, le nombre d'exemplaires à tirer ne sera pas moindre de cinquante.

40. (673).

Le préfet fera sur-le-champ passer au capitaine de gendarmerie les exemplaires nos 3 et 7; il s'en fera donner récépissé.

41. (675).

Les maires et le capitaine de gendarmerie feront afficher, à l'instant même où ils les recevront, les exemplaires nos 1, 3 et 4; les maires déposeront les exemplaires n° 5 aux archives de la mairie.

SECTION III. *Formation par les capitaines de recrutement, du contrôle de la poursuite individuelle des réfractaires. — Expédition de ce contrôle à remettre au capitaine de gendarmerie.*

42. (679).

Le capitaine de recrutement fera quatre expéditions du contrôle général pour la poursuite individuelle.

La première expédition sera destinée pour le capitaine de recrutement; la seconde, pour le capitaine de gendarmerie; la troisième, pour les sous-préfets; la quatrième, pour le Directeur général.

43. (681).

Les feuilles de la seconde expédition du contrôle général, seront successivement, et le jour même des dénonciations, ou au plus tard le lendemain, remises par le capitaine de recrutement au capitaine de gendarmerie, qui, de leur réunion, formera son contrôle.

44. (684).

Le préfet communiquera régulièrement au capitaine de recrutement les renseignemens spécifiés par les n°⁵ 6 et 7 de l'article 678 ; cet officier les inscrira sur la première expédition du contrôle général, et en donnera sur-le-champ connaissance au capitaine de gendarmerie et aux sous-préfets, qui les annoteront chacun sur le contrôle déposé entre ses mains.

45. (685).

Le préfet, le capitaine de gendarmerie et le capitaine de recrutement, pour que les indications comprises sous le n° 8 de l'article 678 puissent être annotées par eux sur les contrôles généraux servant à la poursuite individuelle et au recouvrement des amendes, se tiendront réciproquement et régulièrement informés de toutes les mutations qui surviendront dans la situation des conscrits portés sur ces contrôles.

46. (687).

Les officiers de recrutement et de gendarmerie, outre les comptes qu'ils sont tenus de rendre à leurs capitaines respectifs, donneront, chacun au sous-préfet de son arrondissement, connaissance de celles des mutations survenues dans la situation des retar-

lataires et des réfractaires, dont ils seront successivement informés par suite de leurs propres recherches
et des recherches des militaires sous leurs ordres. Le
sous-préfet, à mesure qu'il recevra les avis que lui
transmettront ces officiers, en fera mention sur
son contrôle particulier ; il y inscrira également
les comptes qu'il se fera rendre par les maires.

47. (688).

Le dernier jour de chaque mois, le préfet, le
capitaine de gendarmerie et le capitaine de recrutement, se réuniront à la préfecture. Ces officiers s'y
rendront avec leurs contrôles de la poursuite individuelle. Le préfet, de concert avec ces officiers, com-
parera leurs expéditions du contrôle général servant
pour la poursuite individuelle, avec le contrôle général servant pour le recouvrement des amendes, et
déposé dans ses bureaux ; les renseignemens que ces
trois fonctionnaires auront respectivement recueillis,
et qu'ils ne se seront pas encore communiqués, seront de suite transcrits sur ces divers contrôles.

Le préfet indiquera aux deux capitaines la date
de la condamnation de tous les conscrits dénoncés
dont le jugement ne sera pas encore connu de ces
officiers.

Si, parmi les conscrits dénoncés depuis plus d'un
mois à la date de la réunion, il s'en trouve qui
n'aient pas encore été condamnés, les motifs en
seront donnés par le préfet, et inscrits par les deux
capitaines sur leurs contrôles.

Après cette opération, le préfet et les deux capi-

Gendarmerie.

taines extrairont de leurs contrôles le résumé de la situation du département, sous le rapport de la poursuite individuelle des réfractaires. Ce résumé sera conforme au modèle n° 40.

CHAPITRE II.

SECTION PREMIÈRE. *Poursuite par voie de perquisition.*

PREMIÈRE SUBDIVISION. *Fonctionnaires qui doivent diriger les poursuites. — Agens chargés de ces poursuites. — Agens qui peuvent y coopérer. — Conscrits à comprendre dans ces poursuites.*

48. (698).

Les généraux divisionnaires, les préfets, les généraux commandant les départemens, les officiers de gendarmerie, les sous-préfets, et les maires, sont chargés de diriger les poursuites contre les individus qui n'ont point satisfait aux lois de la conscription.

49. (699).

La gendarmerie est spécialement chargée de la recherche et de l'arrestation de ces individus.

50. (703).

Les conscrits à rechercher sont,

1° Ceux qui ont été condamnés comme *réfractaires*;

2° Ceux qui, n'ayant pas encore été condamnés comme réfractaires, sont désignés par l'article 651 sous la dénomination de *retardataires*;

3° Les conscrits compris sous la dénomination

d'*omis*, c'est-à-dire, ceux qui ayant atteint l'âge de la conscription, ne se sont point fait porter sur les listes de leur classe;

4° Ceux des conscrits compris dans les appels à raison de leur numéro, qui, ayant cessé d'être dans un cas d'exception, ont dû marcher, et ne se sont pas présentés pour rejoindre un corps.

DEUXIÈME SUBDIVISION. — *Mode à suivre dans la recherche des réfractaires, des retardataires, et généralement de tous les conscrits qui n'ont pas satisfait à leurs obligations. — Compte à rendre aux Sous-préfets, sur les résultats des poursuites. — Rapport de trimestre à adresser par chaque sous-préfet au préfet. — Réunion par trimestre, du Préfet, de l'officier général commandant le département, et de l'officier de gendarmerie le plus élevé en grade dans le département. — Objet de cette réunion; résumé dans la situation des communes et des cantons; Vérification des poursuites exercées; Examen des mesures à prendre pour accélérer les poursuites; Comptes à rendre à LL. EE. le Ministre de l'intérieur, le premier Inspecteur général de la gendarmerie, et au Directeur général de la Conscription.*

51. (707).

Le service des brigades de gendarmerie doit être ordonné de manière qu'elles se transportent, le plus souvent possible, dans celles des communes de leurs arrondissemens respectifs qui ont des conscrits en état d'insoumission, afin d'y faire la recherche de ces conscrits.

Les renseignemens que les maires auront pu se procurer sur les moyens de rechercher et arrêter les conscrits désobéissans, seront communiqués aux brigades de gendarmerie.

Les maires et les commandans des brigades compareront leurs listes des conscrits à rechercher, et se désigneront réciproquement les conscrits désobéissans qui pourraient être à ajouter aux listes.

52. (708).

Sur les renseignemens qui seront donnés à la gendarmerie par le maire, et sur ceux qu'elle aura pu se procurer, elle se rendra, soit au domicile des conscrits à rechercher, soit chez les particuliers connus pour donner du travail à leur famille, ou leur en avoir donné à eux-mêmes, soit enfin dans tous les lieux où elle présumera que ces conscrits peuvent se réfugier.

Avant de quitter une commune, les gendarmes prendront du maire un certificat attestant les recherches par eux faites.

53. (709).

Le préfet, lorsqu'il jugera qu'il est nécessaire de porter inopinément dans une ou plusieurs communes un détachement de troupes, afin de saisir les retardataires et les réfractaires appartenant à ces communes, se concertera avec le général commandant le département, l'officier de gendarmerie le plus élevé en grade, et le capitaine de recrutement, pour déterminer la force du détachement à y envoyer.

Ce détachement sera pris dans les corps désignés article 701.

Autant que faire se pourra, un officier ou sous-officier de gendarmerie, sera mis à la tête du détachement. A défaut, le commandement en sera donné à un officier ou sous-officier de recrutement.

Le maire de la commune où le détachement devra se transporter, sera chargé de l'accompagner, et de donner au commandant du détachement tous les renseignemens qui pourront être nécessaires pour la direction des recherches dans sa commune.

Le commandant du détachement informera successivement du progrès de ses opérations le sous-préfet et l'officier de gendarmerie dans l'arrondissement desquels seront situées les communes où il devra se transporter.

Lorsque le détachement aura terminé son mouvement, le commandant dressera le compte de ses opérations ; et, suivant qu'il appartiendra lui-même à l'arme de la gendarmerie ou au détachement de recrutement, il remettra ce compte au capitaine de gendarmerie ou au capitaine de recrutement, qui en fera passer sur-le-champ une expédition au préfet, et une autre au commandant du département.

54. (715).

Le dernier jour du trimestre, le préfet apportera à la réunion de mois, prescrite par l'article 688, les rapports des sous-préfets et l'état numérique en exécution de l'article 714 qu'il en aura fait extraire. Il fera faire à cet état les corrections qui lui paraîtront, nécessaires, d'après la comparaison des contrôles, qui est l'un des objets de cette réunion.

55. (716).

L'officier général commandant le département, et le chef de légion ou d'escadron de gendarmerie, s'il en existe un dans le département, devront, sur l'invitation qui leur en sera faite à l'avance par le préfet, se trouver à la réunion qui aura lieu le dernier jour de chaque trimestre.

56. (717).

Le préfet, l'officier général commandant le département, et l'officier de gendarmerie le plus élevé en grade, examineront, 1° les rapports que les sous-préfets auront adressés au préfet, conformément à l'article 713 ; 2° l'état numérique, par commune, des conscrits restant à rechercher.

Ils prendront connaissance des rapports que le capitaine de gendarmerie et le capitaine de recrutement, présens à la réunion, pourront avoir à leur faire.

Ils rapprocheront de ces documens les autres comptes qui, pendant le trimestre, auront pu leur être partiellement et successivement rendus sur les poursuites effectuées contre les conscrits désobéissans.

Ils résumeront ces divers renseignemens, et dresseront l'état nominatif, 1° des sous-préfets, des maires, des officiers et sous-officiers de gendarmerie, et des agens de la poursuite, qui paraîtront avoir fait preuve de zèle ; 2° de ceux qui n'auront pas dirigé les poursuites avec assez d'activité; 3° de ceux qui pourraient y avoir mis obstacle.

Enfin, ils indiqueront dans la colonne d'observations de l'état numérique, par commune, des conscrits restant à poursuivre, les moyens qu'il leur paraîtra nécessaire d'employer pour atteindre ces conscrits,

57. (718).

Dans les dix premiers jours de chaque trimestre, le préfet adressera au Directeur général une expédition de l'état numérique et de l'état nominatif prescrits par les articles 714 et 717; avant de lui faire passer l'état nominatif, il le communiquera aux capitaines de gendarmerie et de recrutement, afin que ces officiers en extraient un état particulier qui comprendra les militaires sous leurs ordres,

58. (719).

Le capitaine de gendarmerie adressera une copie de son état partitulier à son Exc. le premier Inspecteur général de la gendarmerie.

TROISIÈME SUBDIVISION. *Mode à suivre pour constater l'arrestation ou la rentrée des retardataires, des réfractaires, et des individus qui n'ont pas satisfait à la conscription. — Envoi au chef-lieu du département, des conscrits arrêtés ou rentrés.*

59. (723).

A mesure qu'un conscrit réfractaire, retardataire, ou tout autre n'ayant pas satisfait à ses obligations, sera arrêté, la gendarmerie dressera procès-verbal de cette arrestation.

60. (724).

Outre le procès-verbal indiqué par l'article précédent, une feuille d'arrestation sera établie pour chaque conscrit arrêté; elle indiquera les motifs de l'arrestation de ce conscrit, son signalement, les renseignemens extraits de ses papiers, ses réponses, etc.

Cette feuille sera conforme au modèle n° 45.

61. (725).

La feuille d'arrestation sera toujours dressée par la brigade de gendarmerie qui aura arrêté le conscrit, ou entre les mains de laquelle il aura été remis.

En conséquence, lorsqu'un sous-officier de recrutement, garde champêtre ou forestier, ou employé des douanes, ou tout autre agent, aura arrêté un conscrit non en règle, ce conscrit sera remis à la brigade de gendarmerie la plus voisine, avec tous les renseignemens qui auront été recueillis sur son compte, et qui serviront à dresser la feuille d'arrestation.

L'officier ou le sous-officier de gendarmerie, ou le gendarme qui aura reçu le conscrit, en donnera récépissé.

62. (726).

Tout conscrit arrêté par la gendarmerie, ou remis entre ses mains, sera dirigé sur le chef-lieu du département dans lequel l'arrestation aura eu lieu; il devra y parvenir par la correspondance la plus prochaine; pendant la route, il sera déposé dans les maisons d'arrêt.

63. (727).

A l'arrivée du conseil au chef-lieu du département, il sera remis au capitaine de recrutement, avec la feuille d'arrestation visée par le capitaine de gendarmerie, ou, en cas d'absence, par l'officier qui le remplacera.

Le capitaine de recrutement donnera son récépissé du conscrit et de la feuille d'arrestation.

64. (728).

Les conscrits qui, n'ayant pas satisfait à leurs obligations, se présenteront devant un maire, ou un sous-préfet, ou un préfet, ou même devant la gendarmerie, ne seront point arrêtés, à moins de motifs particuliers dont le préfet sera juge, et dont il devra toujours lui être rendu compte.

65. (729).

Quel que soit le motif qui aura déterminé le retour d'un conscrit, et lors même qu'il aurait cédé à la crainte des moyens coercitifs dirigés contre lui et contre sa famille, sa présentation sera considérée comme volontaire.

66. (730).

Lorsqu'un conscrit arrêté prouvera qu'au moment de son arrestation, il se rendait devant un préfet ou sous-préfet pour faire acte de repentir, il sera traité comme les autres conscrits rentrés volontairement.

67. (731).

Lorsque les parens ou le tuteur d'un conscrit qui

se sera soustrait à ses obligations et résidera hors de l'Empire, seront informés qu'il demande à rentrer dans le devoir, ils pourront se présenter devant le préfet ou le sous-préfet de leur résidence, pour faire connaître l'intention de ce conscrit. Le préfet ou le sous-préfet, sur la déclaration qui lui sera faite, pourra accorder un délai, à l'expiration duquel les parens ou le tuteur du conscrit devront prouver qu'il s'est présenté lui-même devant un maire, ou un sous-préfet, ou un préfet, pour suivre sa destination.

68. (732).

S'il arrive qu'un conscrit, se rendant dans l'intérieur de l'Empire, après la déclaration faite par ses parens ou son tuteur, ainsi qu'il est spécifié article précédent, soit arrêté sur le territoire occupé par les armées françaises, avant l'expiration du délai accordé par le préfet ou le sous-préfet, il devra être traité comme les autres conscrits volontairement rentrés.

Il en sera de même si, avant l'expiration du délai accordé, le conscrit est arrêté dans l'intérieur de l'Empire, sur la route conduisant du lieu où il s'était réfugié, à la commune de son domicile légal.

SECTION II. *Poursuite par voie de garnisaires.*

PREMIÈRE SUBDIVISION. *Cas où la poursuite par voie de garnisaires doit avoir lieu sur l'ordre des préfets, sans l'autorisation du Directeur général de la conscription. — Individus chez lesquels les garnisaires doivent être placés. — Nombre de garnisaires pouvant être employés. — Frais de garnisaires ou sommes à payer pour chaque garnisaire, par les individus chez lesquels il en est placé. — Durée de la garnison.*

69. (739).

Les garnisaires seront placés chez les pères et mères des retardataires et réfractaires, et simultanément chez les retardataires et réfractaires, s'ils ont une habitation distincte de celle de leurs pères et mères.

70. (740).

Les préfets pourront ne point envoyer la garnison chez ceux des pères et mères des retardataires qui seront notoirement connus pour n'avoir point favorisé la désobéissance de leurs enfans, ou qui seront absolument hors d'état de payer les frais de la garnison.

71. (745).

Indépendamment du logement militaire en nature, tel qu'il est dû aux troupes en marche, ou en garnison, lorsqu'elles sont logées chez les habitans, les garnisaires placés par les préfets en vertu de l'article 738, recevront une solde qui ne pourra excéder le taux suivant, savoir :

Pour chaque soldat.............. 1^f 0^c
- Pour chaque caporal............ 1. 25.
Pour chaque sergent, et pour chaque
maréchal-des-logis, soit de gendarmerie, soit d'autres troupes à cheval. 1. 75.
Pour chaque officier, quelle que soit
son arme..................... 3. 0.

72. (746).

Lorsque les garnisaires seront montés, il sera
alloué deux francs pour la ration de chaque cheval.

73. (747).

Les garnisaires auront droit aux sommes fixées
articles 745 et 746, à dater du jour de leur départ,
soit du chef-lieu du département, soit du lieu de
leur résidence, jusqu'au jour de leur retour dans
leur garnison habituelle, ou dans leur résidence.

74. (748).

Chaque détachement de garnisaires sera accompagné d'un porteur de contraintes.

Un même porteur de contraintes pourra, lorsque
les localités le permettront, être employé en même
tems près de plusieurs détachemens de garnisaires.

Le salaire des porteurs de contraintes sera fixé par
les préfets; il sera réglé sur le nombre de détachemens auxquels ils seront attachés.

75. (749).

Tout individu chez lequel la garnison sera placée,
paiera, suivant le nombre et le grade des garnisaires
qui lui seront envoyés, et pour le nombre de jours
qu'ils demeureront chez lui, les sommes que le
préfet aura fixées pour leur solde, d'après les bases
indiquées article 745.

Il paiera, en outre, si les garnisaires sont montés, la somme de deux fr., fixée par l'article 746, pour la nourriture de leurs chevaux.

Enfin, il paiera par chacun des garnisaires placés chez lui, et par jour, un supplément d'un franc, qui sera mis en fonds commun, pour servir,

1° A payer la solde due aux garnisaires pour l'aller et le retour, et le salaire du porteur de contraintes;

2° A suppléer, au besoin, au défaut de paiement d'une partie des frais de garnison.

76. (750).

Les garnisaires envoyés conformément à l'article 739, pourront être maintenus chez le même individu pendant un mois, à compter du jour où ils auront été placés.

SECONDE SUBDIVISION. *Cas où le nombre des Garnisaires placés par les Préfets et la durée de la garnison peuvent être augmentés, avec l'autorisation du Directeur général de la conscription. — Cas où les frais de Garnisaires peuvent être augmentés, avec l'autorisation de son Exc. le Ministre de la guerre, provoquée par le Directeur général, sur la demande des Préfets. — Cas où, avec l'autorisation de son Exc. le Ministre de la guerre sollicitée de la même manière, les communes peuvent être rendues solidaires pour le paiement des frais de Garnisaires. — Personnes qui doivent être exemptes de la solidarité.*

77. (751).

Lorsque, dans les vingt premiers jours du place-

ment des garnisaires dans une commune, les retardataires et réfractaires ne seront pas tous rentrés, le
préfet, s'il juge que, dans les dix jours suivans, ceux
qui n'auront pas encore reparu ne seront pas tous
arrêtés ou ne se représenteront pas, devra en rendre
compte au Directeur général ; il lui indiquera de
quel nombre d'hommes et pour quel nombre de
jours il lui paraîtra nécessaire d'augmenter la force
et la durée de la garnison : en outre, il lui fera
connaître s'il pense que ce surcroît sera suffisant
pour faire rentrer dans l'obéissance les retardataires
et réfractaires restant à poursuivre.

78. (752).

Si les préfets pensent qu'il soit nécessaire d'augmenter les frais de la garnison, en élevant la solde
des garnisaires, ils le feront également connaître au
Directeur général, et lui indiqueront à quel taux
ils proposent de porter la journée des garnisaires.

79. (753).

La journée des garnisaires pourra, dans le cas
prévu article 752, être élevée jusqu'au taux suivant,
qui sera le *maximum*, savoir :

Pour chaque soldat ou simple garni-
saire........................... 3f 50c
Pour chaque caporal............ 4. 00.
Pour chaque sergent, brigadier et
maréchal-des-logis de gendarmerie, ou
de toute autre troupe à cheval....... 4. 50.
Pour chaque officier............. 5. 50.
Si les garnisaires sont montés, il sera payé, de

plus, deux francs pour la ration de chaque cheval.

Le supplément d'un franc, à mettre en fonds commun, sera également payé, ainsi qu'il est prescrit au second paragraphe de l'article 749.

80. (754).

Les préfets demanderont *nécessairement* l'autorisation d'augmenter les frais de garnison,

1° S'ils ne jugent pas suffisant que le nombre de garnisaires soit élevé à six, au lieu de quatre, par individu soumis à la garnison, et que la durée de la garnison soit portée d'un mois à six semaines ;

2° Si, ayant d'abord jugé suffisant cet accroissement du nombre des garnisaires et de la durée de la garnison, il reste cependant à poursuivre des retardataires ou des réfractaires, après six semaines de garnison.

81. (755).

Les préfets demanderont *nécessairement* l'autorisation de rendre les habitans d'une même commune solidaires pour le paiement des frais de la garnison,

1° Lorsqu'ils reconnaîtront que les réfractaires ou retardataires et leurs pères et mères sont hors d'état de payer ces frais sur-le-champ ;

2° Lorsque la durée de la garnison, le nombre des garnisaires, et les frais, auront été augmentés contre les mêmes individus, et que ce surcroît de moyens n'aura point fait rentrer, dans les quinze jours, les retardataires et les réfractaires ;

3° Lorsque la commune appartiendra à un canton qui comptera, parmi ses conscrits, un nombre de retardataires ou de réfractaires égal ou supérieur au huitième des contingens que ce canton aura dû fournir sur les cinq classes de conscription les dernières appelées;

4° Lorsque le nombre des retardataires et réfractaires de la commune, réuni à celui des déserteurs des corps, sera, sur cent cinquante habitans, d'un et au-dessus.

82. (756).

La solidarité imposée aux habitans d'une commune consistera à faire supporter par les plus imposés d'entre eux, sauf les exceptions indiquées art. 758, 759 et 760, l'avance des frais de garnisaires.

83. (757).

Les habitans soumis à la solidarité conserveront leur recours contre les retardataires, les réfractaires et leurs pères et mères, pour être remboursés de l'avance qu'ils auront faite des frais de garnisaires.

84. (758).

Sont exempts de la solidarité,

1° Les habitans qui ont un fils en activité ou mort au service, ou revenu de l'armée avec un congé absolu pour ancienneté de service ou pour blessures ou infirmités acquises au service, pourvu qu'ils n'en aient pas un autre en état de désobéissance, et qu'ils ne soient pas reconnus pour favoriser la désobéissance des conscrits ou des déserteurs;

2° Ceux qui ont eux-mêmes servi et sont revenus de l'armée avec un congé absolu pour ancienneté de service, ou pour blessures ou infirmités contractées au service, pourvu qu'ils ne soient pas reconnus pour favoriser la désobéissance des conscrits, ou qu'ils n'aient pas eux-mêmes été condamnés précédemment comme réfractaires ou comme déserteurs;

3° Les personnes absentes de la commune depuis trois mois au moins.

85. (759).

L'exemption de la solidarité s'étendra aux pères et mères,

1° Des conscrits faisant partie de l'inscription maritime;

2° Des graveurs du département de la guerre, et des ouvriers des manufactures d'armes;

3° des conscrits ayant obtenu l'exception, comme adjoints-commissaires des guerres; comme officiers de santé commissionnés par LL. EE. le Ministre de la guerre et le Ministre de la marine; enfin comme artistes vétérinaires, tirés des écoles de Lyon, de Turin, et d'Alfort, pour être employés par le Gouvernement;

4° Des élèves des écoles spéciales militaires et des écoles spéciales et pratiques de la marine; de ceux des élèves du Prytanée militaire dont il est question au n° 8 de l'article 152; des élèves passés de l'école polytechnique aux écoles d'application; des élèves de l'école polytechnique; enfin des élèves de l'école de l'administration de la marine;

86. (760).

L'exemption de la solidarité pourra s'étendre aux fonctionnaires publics dont le zèle et les services, notoirement connus, auront contribué au succès des levées.

87. (763).

Le temps à partir duquel les garnisaires devront être employés conformément aux autorisations transmises aux préfets par le Directeur général, commencera à courir du jour de leur installation sur le pied fixé par ces autorisations, sans avoir égard au temps pendant lequel ces garnisaires auront été placés précédemment.

Le séjour des garnisaires ne pourra être prolongé au-delà du terme fixé par l'autorisation.

TROISIÈME SUBDIVISION. *Choix des Garnisaires. — Réquisition à faire par les Préfets, lorsqu'il est nécessaire que les Garnisaires soient fournis par les corps de ligne stationnés dans les départemens et les divisions militaires, ou par les Vétérans, ou par la Gendarmerie.*

88. (764).

Les détachemens à employer comme garnisaires seront fournis,

1° Par les corps de ligne, tant d'infanterie que de cavalerie, stationnés dans l'étendue du département ou de la division militaire;

2° Par la gendarmerie;

3° Par le détachement de recrutement;

4° Parmi les compagnies de réserve du département;

5° Par les vétérans attachés au service du département;

6°. Par les militaires en retraite qui seront jugés propres à ce genre de service.

89. (768).

Les gendarmes qui devront être employés comme garnisaires, seront mis à la disposition du préfet par le capitaine de la gendarmerie.

Si un officier du grade de capitaine a été désigné pour faire partie du détachement, il en aura le commandement, à moins que le capitaine de gendarmerie ne doive se mettre à la tête des gendarmes réunis au détachement.

Le préfet adressera préalablement au capitaine de gendarmerie une réquisition qui indiquera le nombre des gendarmes à fournir, leur grade, le jour où ils devront se mettre en marche, et leur destination.

90. (769).

Le général commandant la division militaire, le général commandant le département, et le capitaine de gendarmerie, s'ils ne croient pas pouvoir déférer, soit en tout, soit en partie, à la demande ou à la réquisition qui leur aura été adressée, en feront connaître par écrit les motifs au préfet.

91. (771).

Le commandement des détachemens destinés à tenir garnison appartiendra à l'officier ou sous officier de gendarmerie le plus élevé en grade parmi ceux qui feront partie des détachemens.

A défaut d'officiers ou de sous-officiers de gendarmerie, les détachemens devront être composés de manière que le commandement puisse en être donné à un officier ou sous-officier de recrutement.

S'il n'est pas possible d'adjoindre aux détachemens des officiers ou sous-officiers de gendarmerie ou de recrutement égaux en grade aux autres militaires composant les détachemens, le commandement appartiendra à celui de ces derniers militaires qui sera de grade supérieur.

QUATRIÈME SUBDIVISION. *Mode à suivre pour le Placement et pour la Levée, totale ou partielle, de la garnison.*

92. (772).

Lorsque la garnison devra être envoyée dans une commune, le préfet dressera l'état des conscrits retardataires et réfractaires qui donneront lieu à l'établissement de la garnison; du nombre, du grade, et de l'arme, des garnisaires à placer simultanément chez les pères et mères de ces conscrits, et au domicile de ces conscrits, s'ils en ont un distinct de celui de leurs pères et mères; des sommes à payer pour chaque journée de garnisaire; enfin, du jour où la garnison devra être établie chez les particuliers qui devront la recevoir.

93. (773).

S'il arrive que le même détachement doive se porter dans plusieurs communes du même canton, ou dans plusieurs cantons du même arrondissement de sous-préfecture, ou dans plusieurs arrondissemens du même département, l'état prescrit par l'article

précédent comprendra collectivement les retardataires et réfractaires que ce détachement sera chargé
de faire rentrer. Il indiquera dans quel ordre les
garnisaires composant le détachement devront s'établir dans les arrondissemens, les cantons et les
communes, ainsi qu'au domicile des particuliers soumis à la garnison.

94. (774).

L'état prescrit par l'article 772 sera dressé d'après
le nombre des garnisaires qui auront été mis à la
disposition du préfet, et la situation des cantons et
des communes ; le préfet aura également égard à
l'esprit des habitans et au mode suivant lequel le placement des garnisaires devra avoir lieu, soit que le
préfet l'ait ordonné, conformément à l'article 738,
soit que l'ordre lui en ait été adressé par le Directeur
général, soit enfin que la durée, la force et les frais
de la garnison aient été augmentés, ou que la solidarité
des communes ait été prononcée.

95. (775).

S'il est nécessaire que les garnisaires soient simultanément placés dans plusieurs communes, ou plusieurs cantons, ou plusieurs arrondissemens, et
formés en détachemens partiels sous la direction d'un
même officier, l'état prescrit par l'article précédent
comprendra toutes les communes ou ces détachemens
devront être envoyés, et sera remis à l'officier chargé
de diriger ces détachemens.

Des états particuliers extraits de l'état général, et
formés dans les bureaux du préfet, seront remis aux
commandans des détachemens partiels.

96. (776).

Les commandans des détachemens qui auront à se porter dans le même arrondissement, présenteront aux sous-préfets les états et les ordres qu'ils auront reçus.

Le sous-préfet, après en avoir pris connaissance, pourra, s'il le juge nécessaire, modifier l'ordre suivant lequel devront être placés les garnisaires de chaque détachement.

Le sous-préfet rendra sur-le-champ compte au préfet des changemens qu'il aura ordonnés, et les commandans des détachemens en tiendront note exacte sur leur état, chacun pour son détachement.

97. (777).

Si les détachemens envoyés dans les arrondissemens de sous-préfecture doivent opérer simultanément dans plusieurs communes, les états dressés pour ces détachemens seront subdivisés, dans le bureau du sous-préfet, en états partiels par communes.

L'état de chaque commune sera remis au militaire qui aura le commandement de la portion de détachement envoyée dans cette commune.

98. (778).

Lorsque dans un département les garnisaires seront subdivisés ainsi qu'il est dit aux articles 775 et 777, les instructions qui seront données aux commandans des détachemens et des portions de détachement, leur feront connaître dans quel ordre ces détachemens ou portions de détachement devront se distribuer ou se réunir et rentrer, soit au chef-lieu de la

sous-préfecture ou au chef-lieu du département, soit
à leur corps, à leur résidence, ou dans leurs foyers.

99. (779).

Le commandant des garnisaires qui seront envoyés dans une commune, présentera au maire ses
instructions; et, de concert avec lui, il procédera
sur-le-champ au placement des garnisaires.

100. (780).

Les commandans des garnisaires se placeront chez
les particuliers qui leur seront désignés comme ayant
montré le plus d'insoumission.

101. (781).

Le commandant d'un détachement de garnisaires
ne pourra en placer chez les particuliers qui ne séraient
pas indiqués sur l'état qui lui aura été remis, ni dé-
passer, pour chaque particulier, le nombre fixé par
le même état.

102. (782).

Lorsqu'un retardataire ou réfractaire aura été
arrêté ou se sera représenté, les garnisaires placés
chez lui et chez ses père et mère en seront retirés
sur-le-champ.

103. (784).

Lorsque le préfet recevra l'autorisation ou l'ordre
d'augmenter la force, la durée et les frais de la
garnison, il déterminera sur-le-champ le nombre
d'hommes et de journées de garnison, avec les
sommes par jour dont la charge de chaque individu
soumis aux garnisaires sera augmentée. Le préfet

donnera de suite avis de ces nouvelles dispositions au commandant des garnisaires et au sous-préfet, et leur indiquera l'ordre dans lequel ils devront les faire mettre à exécution.

Dans les vingt-quatre heures de l'avis transmis par le préfet, le sous-préfet le notifiera aux maires.

Le commandant des garnisaires, si plusieurs détachemens particls sont sous sa direction, donnera sur-le-champ communication du même avis aux commandans de ces détachemens. Ceux-ci le notifieront de suite aux commandans des portions de détachement, s'il en a été formé.

Les maires et les commandans des garnisaires établis dans les communes procéderont de suite à l'exécution des ordres qu'ils auront reçus.

104. (787).

Lorsque le préfet recevra l'autorisation ou l'ordre de rendre les habitans des communes solidaires pour le paiement des frais de la garnison, il en donnera sur-le-champ avis au commandant des garnisaires et au sous-préfet; il chargera le sous préfet de dresser, ou faire dresser par les maires, la liste des habitans qui devront supporter la solidarité.

105. (788).

Les commandans des garnisaires annoteront exactement, sur l'état des individus soumis à la garnison, la date du jour où les garnisaires auront été placés chez chaque individu, le nombre de ces garnisaires, les augmentations qui auront eu lieu dans la durée, la force et les frais de la garnison, les dates auxquelles

chacune de ces augmentations aura eu lieu, la date
à laquelle les habitans des communes auront été
rendus solidaires pour le paiement des frais, le nombre des journées de garnisaires que chaque individu
aura dû payer pour chacun des prix fixés, la date
des rentrées et arrestations des hommes recherchés,
la date de la levée partielle ou totale de la garnison,
les motifs de cette levée, lorsqu'elle n'aura pas été la
suite des rentrées ou des arrestations, enfin toutes
les circonstances de l'opération.

Ces militaires devront également annoter sur ces
états,

1º Le jour de leur départ de chaque lieu, soit
pour se rendre dans une première commune ou passer
dans une autre, soit pour se réunir à un autre détachement ou portion de détachement, soit pour rentrer au chef-lieu du département, ou pour être ren-
voyés à leur corps, ou à leur résidence, ou dans
leurs foyers.

2º La date de leur arrivée dans chaque lieu;

3º La date à laquelle leur détachement aura été
renforcé par un autre détachement, et le nombre
d'hommes de renfort.

103. (789).

Les annotations prescrites par l'article précédent
serviront à arrêter définitivement la comptabilité de
chaque détachement, ainsi qu'à faire connaître de
quelle manière les détachemens auront rempli leur
mission; elles devront être certifiées, commune par

Gendarmerie.   3

commune, par le maire ou son adjoint, et aux chefs-
lieux d'arrondissement par les sous-préfets.

104. (790).

Le commandant des garnisaires, lorsqu'il sera
chargé de diriger plusieurs détachemens partiels, les
formera de manière qu'aux lieux où seront placés
les commandans, une réserve soit tenue disponible
pour que la correspondance à établir entre lui et ces
commandans puisse être promptement faite, et pour
que les conscrits arrêtés ou rentrés soient conduits,
sans retard, et sous une escorte suffisante, au chef-
lieu du département.

105. (791).

Les hommes composant la réserve disponible prescrite par l'article précédent, seront pris sur les garnisaires assignés aux individus chez lesquels il en
devra être placé plus d'un. Le commandant des garnisaires du département fera et présentera à l'appro-
bation du préfet la répartition de ces hommes. Le
préfet la certifiera sur les états des détachemens
partiels, et le sous-préfet sur les états des portions
de détachement. Si le commandant des garnisaires
du département n'a pu faire cette répartition, il en
chargera les commandans des détachemens partiels :
ceux-ci l'établiront de concert avec le sous-préfet qui
la certifiera.

106. (792).

Indépendamment du mode prescrit par la présente
subdivision, le préfet, l'officier général commandant
le département, l'officier supérieur de gendarmerie

et le commandant des garnisaires pourront prescrire, chacun en ce qui le concerne, les dispositions qui leur paraîtront convenables, pour que l'opération soit régulière et atteigne sûrement le but, et pour que les résultats leur en soient promptement connus.

CINQUIÈME SUBDIVISION. *Recherches à faire par les Garnisaires. — Remise à la gendarmerie des retardataires, des réfractaires, et des conscrits n'ayant pas satisfait à leurs obligations, arrêtés par les garnisaires ou rentrés par l'effet de la garnison. — Réunion de ces hommes aux lieux désignés par les commandans des détachemens de garnisaires. — Leur direction sur le chef-lieu du département.*

107. (793).

Les garnisaires se livreront, pendant la durée de leur service, à la recherche des retardataires et des réfractaires désignés dans les états qui leur auront été remis. Au besoin, ils prêteront à la gendarmerie main-forte pour l'arrestation de ces conscrits.

108. (794).

Les commandans de garnisaires prendront connaissance des dispositions prescrites par les art. 708 et 710, indiquant le mode à suivre pour la recherche des conscrits qui n'ont pas satisfait à leurs obligations. Ils feront exécuter ces dispositions par les garnisaires sous leurs ordres.

109. (795).

A mesure qu'un retardataire ou un réfractaire,

3.

ou tout autre individu n'ayant pas satisfait aux lois sur la conscription, sera arrêté par les garnisaires ou se présentera devant eux, la remise en sera faite à la gendarmerie du lieu, ou à la brigade la plus voisine.

110. (796).

Tout individu qui, en exécution de l'article précédent, aura été remis à la gendarmerie, devra être conduit et parvenir, par la correspondance la plus prochaine, au lieu désigné par le commandant des garnisaires pour la réunion des conscrits que son détachement arrêtera, ou qui se représenteront volontairement.

111. (797).

Les conscrits réunis au lieu désigné par le commandant des garnisaires, y resteront jusqu'à ce que les opérations de son détachement soient terminées, ou jusqu'à ce que ces conscrits soient réunis en nombre suffisant pour former un convoi.

112. (798).

Chaque convoi sera conduit de brigade en brigade au chef-lieu du département; il sera escorté par les brigades, qui se relèveront sur la route, et par un détachement de garnisaires tenus disponibles pour ce service; en exécution de l'article 790; au besoin, des sous-officiers de recrutement seront joints à ce détachement,

L'escorte fournie par les garnisaires et les sous-officiers de recrutement ira jusqu'au chef-lieu du département.

La gendarmerie prendra toutes les mesures nécessaires pour qu'aucun des individus du convoi ne
puisse s'échapper en route.

Le récépissé des convois qui seront conduits au
chef-lieu , sera donné par le capitaine de recrutement au commandant de l'escorte, qui le remettra
au commandant des garnisaires.

113. (799).

Depuis le jour où un conscrit réfractaire ou retardataire, ou tout autre conscrit n'ayant pas satisfait
à ses obligations, sera arrêté, ou se sera représenté
par suite des opérations des garnisaires, jusqu'au
jour de son arrivée au chef-lieu du département, il
sera déposé dans les maisons d'arrêt.

SIXIÈME SUBDIVISION. *Surveillance et discipline
auxquelles les garnisaires sont soumis.*

114. (800).

Les détachemens de garnisaires seront soumis ,
pour la police et la discipline, à tous les réglemens
militaires.

115. (801).

Les garnisaires ne pourront, sous aucun prétexte,
rien exiger des particuliers chez lesquels ils seront
établis , au-delà de ce qui leur est accordé par la
présente Instruction.

116. (802).

Les plaintes que les particuliers pourront avoir à
faire contre les garnisaires, seront portées devant le
maire ou son adjoint.

Le maire ou l'adjoint communiquera ces plaintes au commandant des garnisaires établis dans la commune, et en rendra compte au sous-préfet, qui, sur-le-champ, en informera le préfet.

117. (803).

Le commandant des garnisaires, suivant la gravité des plaintes qui lui auront été portées, et après avoir vérifié les faits, infligera les punitions qui seront de sa compétence; il donnera les ordres nécessaires pour la répression des abus, ou, s'il ne commande qu'une portion de détachement, il en référera au commandant du détachement, qui prononcera sur la plainte suivant sa compétence, et en rendra compte au préfet, ainsi qu'au commandant militaire du département.

118. (804).

Dans les cas de délits graves commis par un ou plusieurs garnisaires, ces hommes devront être sur-le-champ relevés, remplacés, et, s'il y a lieu, arrêtés.

119. (805).

Lorsqu'un détachement ou portion de détachement de garnisaires quittera la commune où il aura été employé, le commandant requerra le maire ou l'adjoint de lui délivrer un certificat de bien-vivre.

S'il a été porté des plaintes contre quelques garnisaires ; le certificat en fera mention ; il relatera aussi, s'il y a lieu, les dispositions faites par le commandant, pour la répression des abus et la punition des délinquans.

Ces certificats de bien-vivre seront remis au préfet par le commandant des garnisaires.

120. (806).

Les maires ou adjoints pourront refuser le certificat de bien-vivre. Ils ne seront pas tenus de donner au commandant des garnisaires les motifs de leur refus.

Ils en rendront un compte particulier au sous-préfet, qui fera connaître au préfet les motifs du refus.

SEPTIÈME SUBDIVISION. *Versement, entre les mains des Commandans des garnisaires, des sommes dues pour frais de garnison. — Comptes de recettes et de dépenses à tenir par ces Commandans. — Remise de ces comptes au préfet.*

121. (807).

Les maires ou adjoints remettront, sur récépissé, aux commandans des garnisaires établis dans leurs communes respectives, les sommes payées pour les frais de la garnison.

122. (808).

Pour chaque détachement ou portion de détachement, un sous-officier, faisant fonctions de fourrier, sera dépositaire des sommes destinées au paiement des garnisaires.

Il séra spécialement chargé de pourvoir à la subsistance des hommes et à la nourriture des chevaux.

S'il arrive qu'un commandant de détachement ou de portion de détachement de commune n'ait point de sous-officiers en état de remplir sous ses ordres les fonctions de fourrier, ce commandant s'en chargera lui-même.

123. (809).

Chaque commune donnera lieu à un compte de recette séparé; il devra être certifié par le maire ou l'adjoint de la commune.

124. (810).

Un même compte de dépense comprendra toutes les dépenses faites par un même détachement, depuis le jour de sa formation jusqu'à celui de sa réunion à un autre détachement; il sera, quant à la dépense pour la nourriture des chevaux des garnisaires montés, visé et certifié par les maires et adjoints des communes où ces garnisaires montés auront été placés.

125. (811).

Lorsqu'une portion de détachement devra le quitter pour faire partie d'un autre détachement, elle cessera d'être comprise dans le compte de dépense de ce premier détachement, le même jour qu'elle s'en séparera; à partir de ce jour, elle entrera dans le compte de dépense du détachement auquel elle ira se réunir.

126. (812).

Les portions de détachement qui devront retourner à leur corps ou à leur résidence, ou rentrer dans leurs foyers, continueront d'être comprises dans les comptes de dépense jusqu'au jour où elles devront être de retour au corps, à leur résidence ou dans leurs foyers.

127. (813).

Si l'un des détachemens partiels dirigés par un même officier doit retourner à son corps, ou se dissoudre pour rentrer en résidence ou dans ses foyers, le commandant de ce détachement, avant de se mettre en route, arrêtera son compte de dépense, et l'adressera, avec son compte de recette, au commandant des garnisaires du département.

128. (814).

Dès que les opérations des garnisaires seront terminées, les comptes de recettes et de dépenses seront remis au préfet.

HUITIÈME SUBDIVISION. *Moyens d'assurer le recouvrement des sommes à payer comme frais de garnisaires, et d'y suppléer au besoin.*

129. (817).

Le porteur de contraintes se présentera chez chaque particulier au moment même de l'établissement des garnisaires à son domicile, et lui fera commandement d'avoir à consigner, dans trois heures, pour tout délai, entre les mains du maire, ou de l'adjoint qui sera désigné dans l'état exécutoire, le montant, pour cinq jours, des frais de garnison pour lesquels il sera compris dans l'état.

Pareil commandement sera renouvelé le matin du sixième jour, du onzième, du seizième, etc., tant que devra durer la garnison.

130. (818).

En cas de non-consignation dans le délai fixé, il

3..

sera fait, dans le jour, par le porteur de contraintes, en présence du maire ou de son adjoint, et, à leur défaut, du commandant des garnisaires, itératif commandement d'effectuer la consignation ; à défaut d'y déférer sur-le-champ, il sera procédé à la saisie du non-consignataire. Le porteur de contraintes dressera sur-le-champ procès-verbal de la saisie.

131. (820).

Les sommes consignées, ainsi que le produit des ventes, déduction faite des frais de saisie et vente qui seront payés à qui de droit, seront déposées, sur récépissé, entre les mains du maire, qui, aux termes de l'art. 807, les remettra sans retard, au commandant des garnisaires et en tirera décharge.

132. (821).

Au départ des garnisaires, le préfet avancera toujours au commandant de chaque détachement la solde pour le temps de la route et pour les cinq premiers jours de station. L'avance sera prise, soit dans la caisse de la compagnie de réserve, si cette compagnie fournit à elle seule les garnisaires ; soit dans la caisse du receveur général du département, à prendre sur les fonds de non-valeurs, si les garnisaires sont pris parmi toute autre troupe, ou choisis parmi les militaires en retraite, sauf à remplacer les sommes empruntées par le montant des consignations et par le produit des ventes des meubles et effets saisis.

133. (822).

Les commandans des détachemens de garnisaires ne formeront qu'un même fonds de l'avance qui leur aura été faite en exécution de l'article précédent, et des sommes provenant des consignations et ventes qui auront lieu pour le paiement des frais de la garnison. Ils prendront sur ce fonds la solde des garnisaires, la nourriture des chevaux et le salaire des porteurs de contraintes.

134. (823).

Les états de prêt, tant pour la solde des hommes que pour la nourriture des chevaux, seront visés, de cinq jours en cinq jours, par le maire ou son adjoint.

Le maire ou adjoint exigera que les garnisaires, montés ou non montés, se présentent à la maison commune, pour y être passés par lui en revue. Il s'assurera sur-tout qu'aucun autre que les garnisaires désignés pour le service de la correspondance ou des conduites, ainsi qu'il est dit article 790, n'est absent de la commune.

135. (824).

Les commandans des détachemens qui devront se réunir à d'autres détachemens, remettront au commandant sous les ordres duquel ils passeront, les sommes qu'ils n'auront pas dû employer. Ce dernier s'en chargera en recette, les ajoutera à ses autres fonds, et en donnera décharge.

Si, au contraire, le commandant d'un détachement réuni à un autre a reçu une somme inférieure à celle qui est nécessaire pour la solde de son détachement, la nourriture des chevaux, et le salaire du porteur de contraintes, la différence lui sera remise par le commandant du détachement auquel il se réunira. Celui-ci tirera décharge de la somme qu'il remettra, et portera sur son compte cette somme en dépense.

136. (825).

Le préfet se fera rendre compte fréquemment du montant des sommes qui proviendront des consignations, saisies et ventes, afin que, s'il devient nécessaire de faire aux détachemens de garnisaires une avance additionnelle à celle de l'aller et des cinq premiers jours de station, cette avance puisse leur être faite au temps convenable. Elle sera prise dans les caisses désignées art. 821, et y sera réintégrée par les mêmes moyens.

137. (826).

Le commandant des garnisaires, en remettant au préfet les comptes de recette et dépense, ainsi qu'il est dit art. 814, lui remettra également les sommes demeurées entre ses mains, comme ayant excédé les frais effectifs, pour l'aller, le séjour et le retour des garnisaires. Il tirera récépissé de ces sommes et des comptes.

CHAPITRE V.

SECTION 1re. *Formation des Convois. — Jour de leur départ. — Leur itinéraire. — Dénomination et réunion des lignes parcourues par les Convois des divers départemens formant la circonscription du même dépôt général. — Réception des Convois dans les gîtes.*

138. (878).

Les conscrits réunis aux dépôts départementaux

pour être dirigés sur les dépôts généraux de réfractaires, seront envoyés au dépôt général dont la circonscription comprendra le département dans lequel ils auront été arrêtés ou se seront représentés.

139. (879).

Lorsque les conscrits réunis au dépôt départemental seront au nombre de cinquante, ils seront formés en convoi et dirigés sur le dépôt général. Les convois ainsi formés prendront la dénomination de convois ÉVENTUELS.

Chaque mois, et indépendamment des convois éventuels, les conscrits réunis au dépôt départemental seront dirigés, quel que soit leur nombre, sur le dépôt général : à cet effet, ils seront formés en un convoi qui prendra la dénomination de CONVOI PÉRIODIQUE.

140. (880).

Ceux des conscrits désignés comme appartenant à un département autre que celui où ils seront détenus, sur lesquels les préfets n'auront point transmis les renseignemens qui leur auront été demandés, en exécution du dernier paragraphe de l'article 865, feront partie, si d'ailleurs ils sont en état de marcher, du premier convoi périodique dont le départ aura lieu après le mois de leur arrestation ou de leur rentrée volontaire.

141. (881).

Le capitaine de recrutement informera le préfet de la force de chaque convoi.

142. (882).

Un itinéraire, particulièrement transmis par le
Directeur général, fera connaître le dépôt général
auquel les convois devront être envoyés; les routes
qu'ils auront à suivre, et les gîtes où chaque jour ils
devront s'arrêter.

Le même itinéraire indiquera, pour les convois
périodiques, le jour de départ de chaque chef-lieu
de département, et de chaque gîte intermédiaire, ainsi
que le jour d'arrivée au dépôt général.

143. (883).

Sur chacune des lignes à parcourir, le convoi du
département le plus éloigné du dépôt général sera
grossi de tous les conscrits qui, au moment de son
passage par le chef-lieu du département, le second
sur la ligne vers le même dépôt, se trouveront réunis
au dépôt départemental, et ainsi successivement jusqu'à l'arrivée au dépôt général.

144. (884).

Lorsque deux lignes se rencontreront dans un
chef-lieu de département, le convoi de la ligne dont
le point de départ sera le moins éloigné du point de
réunion, se réunira au convoi de l'autre ligne.

Si les deux lignes se rencontrent dans un lieu de
gîte autre qu'un chef-lieu de département, les convois marcheront ensemble avec une escorte commune;
mais la réunion pour l'administration n'aura lieu
qu'au prochain chef-lieu de département.

145. (885).

Les lignes qui aboutiront à un dépôt général, se
nommeront LIGNES PRINCIPALES.

Celles qui aboutiront à une ligne principale, s'appelleront LIGNES D'EMBRANCHEMENT.

Celles qui aboutiront à une ligne d'embranchement, prendront la dénomination de LIGNES PARTI-CULIÈRES.

146. (886).

S'il arrive que, par suite d'un événement extraordinaire, ou parce que les chemins seraient devenus impraticables, un convoi périodique ne puisse, au jour indiqué par l'itinéraire, arriver au chef-lieu de l'un des départemens qu'il aura à traverser, le convoi de ce département ne s'en mettra pas moins en route à la date fixée. Ce département sera, dans ce cas, considéré comme premier de sa ligne.

De même, lorsqu'au jour fixé, le convoi d'une ligne particulière n'arrivera pas au lieu de la réunion avec la ligne d'embranchement, le convoi de cette dernière ligne n'en continuera pas moins sa route vers le dépôt.

De même aussi, lorsqu'un convoi d'une ligne d'embranchement n'arrivera point, au jour fixé, au point de réunion avec le convoi de la ligne principale, ce dernier convoi continuera sa route sans attendre le premier.

Si le convoi de la ligne principale n'a pu, à la date prescrite, parvenir au point de la réunion avec les convois des lignes d'embranchement, les convois provenant des lignes d'embranchement seront joints à celui du département où la réunion aurait dû s'opérer, et le convoi ainsi formé deviendra le premier de la ligne principale.

De même, si le convoi d'une ligne d'embranchement n'est pas parvenu au jour fixé au point de la réunion avec une des lignes particulières, le convoi de cette dernière ligne sera joint à celui du département où elle se terminera, et le convoi ainsi formé deviendra le premier de la ligne d'embranchement.

Lorsque le convoi de l'une des lignes ne sera en retard que d'un ou de deux jours, il devra continuer sa route *sans séjour*, jusqu'à ce qu'il atteigne le convoi qui sera parti sans l'attendre.

Dans le cas où le retard excédera deux jours, le convoi sera gardé au chef-lieu où la réunion indiquée par l'itinéraire aurait dû s'effectuer, et il ne se mettra en route pour le dépôt qu'avec le convoi éventuel ou périodique suivant.

Si toutefois le convoi en retard est de cinquante hommes et au-dessus, il sera assimilé aux convois éventuels, et continuera sa route, en prenant les séjours indiqués par l'itinéraire.

Lorsqu'un convoi sera forcé de suspendre sa marche, l'officier qui en aura le commandement fera les réquisitions nécessaires pour garantir, pendant le temps de la suspension, la subsistance et la sûreté de son convoi. L'escorte demeurera près du convoi, et se remettra en route avec lui, dès que les motifs qui auront occasionné la suspension cesseront d'exister. Les autorités des lieux de gîte placés entre le point où le convoi suspendra sa marche, et le plus prochain chef-lieu de département sur la route vers le dépôt, ainsi que le capitaine de recrutement de ce chef-lieu, seront informés par l'officier commandant le convoi, du jour où il sera forcé de s'arrêter, et de celui où il reprendra sa marche.

Cet officier en rendra compte à son capitaine de recrutement.

L'autorité militaire des lieux où les convois seront obligés de s'arrêter, en sera sur-le-champ prévenue, afin qu'elle puisse ordonner, en ce qui la concerne, les mesures convenables.

147. (887).

Les préfets se donneront réciproquement avis du départ et de la force des convois, et du jour où ces convois entreront dans leurs départemens respectifs.

Les commissaires des guerres, prévenus par les préfets, se feront la même communication, et prendront les mesures nécessaires pour assurer, sur chaque ligne, la subsistance des hommes dont les convois seront composés.

De département en département, les capitaines de recrutement se préviendront de la marche et de la force des convois. Les capitaines de recrutement communiqueront les avis qu'ils recevront à cet égard aux généraux commandans et aux capitaines de gendarmerie de leurs départemens respectifs.

Les capitaines de recrutement informeront aussi le commandant du dépôt général du départ et de la force des convois, et du jour d'arrivée au dépôt. Ils lui transmettront, à cet effet, un état conforme au modèle n° 48.

148. (889.)

A l'arrivée des convois dans les gîtes de passage, les conscrits seront déposés dans un seul et même local qui aura dû être préparé à l'avance. Le préfet désignera ce local, sur le rapport des autorités du lieu de gîte, et s'assurera qu'il présente la sûreté et la salubrité nécessaires.

149. (890).

Si, dans un gîte de passage, le local préparé n'est pas convenable, le maréchal-des-logis de gendarmerie commandant l'escorte, après avoir reconnu avec l'officier commandant le convoi, et constaté, en présence de l'autorité du lieu, l'insuffisance, le mauvais état ou le manque de sûreté de ce local, pourra déposer, suivant le cas, la totalité ou partie du convoi dans la maison d'arrêt. Les conscrits mis dans la maison d'arrêt ne seront point inscrits sur le registre d'écrou.

SECTION II. — *Escorte des Convois.* — *Mode de conduite.* — *Formation des Officiers et Sous-Officiers de recrutement chargés de la conduite.*

150. (891).

La gendarmerie sera chargée d'escorter les convois mis en route.

Les brigades de gendarmerie se relèveront successivement.

La compagnie de réserve fournira, si besoin est, un supplément d'escorte. A défaut de la compagnie de réserve, le supplément d'escorte sera fourni par les vétérans, et, au besoin, par la garde nationale.

Le supplément d'escorte ira toujours d'un chef-lieu de département à l'autre.

151. (892).

La force de l'escorte sera réglée de concert par le préfet, le capitaine de gendarmerie, et le capitaine de recrutement, proportionnellement au nombre de conscrits dont le convoi se trouvera composé ; elle s'augmentera à mesure que le convoi deviendra plus considérable.

152. (894).

Aux jours fixés pour le passage des convois, les brigades de gendarmerie qui se trouveront près des lignes de conduite se rendront sur les routes qu'ils devront parcourir, lors même qu'elles ne seraient pas spécialement commandées pour former ou fortifier l'escorte.

Les capitaines de gendarmerie donneront, à cet effet, dans chaque département, des ordres à leurs brigades.

153. (895).

Un maréchal-des-logis de gendarmerie aura toujours le commandement de l'escorte ; il sera spécialement chargé de la distribuer sur la route, pendant les haltes, et aux lieux de station et de gîte, de manière qu'aucun conscrit ne cesse d'être sous la surveillance des militaires qui la composeront. Le commandant du convoi ne pourra, sans son consentement, accorder aux conscrits la permission de s'écarter momentanément ; enfin, il sera responsable des évasions, et tenu de prendre, pour les prévenir, toutes les mesures que les réglemens autorisent.

154. (896).

Les conscrits composant les convois de réfractaires

devront être traités avec les ménagemens et les égards
qui ne s'opposeront point à l'exécution des mesures
à prendre pour ne leur laisser aucun moyen d'évasion. Lorsque la conduite de quelques conscrits le
rendra nécessaire, les gendarmes et les autres militaires de l'escorte pourront user, afin de réprimer
l'insoumission de ces conscrits, des moyens de rigueur
que la loi met à leur disposition. Ils recevront à cet
égard, les ordres du maréchal-des-logis de gendarmerie commandant l'escorte.

155. (897).

Toutes les fois qu'un convoi séjournera, le commandant de l'escorte et l'officier commandant le convoi prendront, de concert, les précautions nécessaires
pour que les conscrits ne puissent pas s'évader.

En cas d'insuffisance de l'escorte, ils requerront
la force armée pour surveiller et contenir les conscrits.

156. (905).

Outre les dispositions de la présente section, le
commandant du convoi et le commandant de l'escorte suivront, pour la surveillance des conscrits
composant les convois et pour les objets de petit
équipement dont ils pourront avoir besoin, celles
des articles 484, 485, 486, 487 et 490.

SECTION IV.

PREMIÈRE SUBDIVISION. *Des Conscrits qui
s'évadent pendant la route.*

157. (914).

Dès qu'un conscrit se sera évadé, le sous-officier

chargé du contrôle remettra une expédition de la feuille individuelle de ce conscrit au maire, et une autre à la brigade de la commune où l'évasion se sera effectuée, ou, si l'évasion a eu lieu pendant la marche, au maire de la commune qui se trouvera la première sur la route vers le dépôt, et à la brigade qui, dans la même direction, sera la plus prochaine du lieu de l'évasion.

158. (915).

Ainsi que cela est prescrit par l'article 495, pour les conscrits abandonnant en route les détachemens dirigés sur les corps, le sous-officier se fera donner, par le maire et par la gendarmerie, récépissé de la feuille individuelle, sur le contrôle du convoi dont l'évadé aura fait partie.

159. (916).

La brigade de gendarmerie communiquera sur-le-champ, par la voie de la correspondance, aux brigades voisines, le signalement du conscrit dont elle aura reçu la feuille individuelle. Les brigades feront, de concert, toutes les perquisitions nécessaires pour l'arrestation du conscrit évadé.

DEUXIÈME SUBDIVISION. *Des Conscrits déposés dans les hôpitaux sur la route.*

160. (918).

A mesure qu'un conscrit du convoi sera déposé dans l'un des hôpitaux sur la route, la feuille individuelle de ce conscrit sera remise à l'économe, qui

sera tenu de donner, sur le contrôle, récépissé du
conscrit et de la feuille.

161. (919).

Le commandant de l'escorte consignera le conscrit
au commandant de la place, et à défaut, au maire.
Ces fonctiönnaires viseront le contrôle à la suite du
récépissé de l'économe.

162. (920).

L'économe sera chargé de prendre toutes les précautions nécessaires pour empêcher l'évasion du
conscrit; au besoin, le commandant de l'escorte requerra un planton pour le garder.

163. (925).

Si, parmi les conscrits laissés dans les hôpitaux
des communes qui ne seront point chef-lieu de département, il s'en trouve qui soient jugés non sus-
ceptibles de guérison, ils seront ramenés par la gendarmerie; et au besoin transportés, sous son escorte,
à l'hôpital du chef-lieu du département dans lequel
sera situé l'hôpital d'où ils sortiront; après un mois
de traitement au chef-lieu, ils seront assimilés aux
conscrits dont il est question dans l'article précédent.

164. (928).

L'officier d'arrondissement confiera à la gendarmerie les feuilles individuelles des conscrits à évacuer
sur le chef-lieu du département; il se fera donner
par elle récépissé des conscrits et des feuilles, et sur-
le-champ il transmettra ce récépissé au capitaine de
recrutement, avec l'avis du départ des conscrits pour
le chef-lieu.

165. (929).

Les conscrits qui seront remis à la gendarmerie pour être évacués sur le chef-lieu du département, devront y parvenir par la correspondance la plus prochaine. Pendant la route, ils seront déposés dans les maisons d'arrêt. Ceux qui seront évacués pour être traités à l'hôpital du chef-lieu, seront chaque jour déposés à l'hôpital du gîte, ils y seront sous la surveillance de la gendarmerie.

A l'arrivée au chef-lieu, la gendarmerie remettra au capitaine de recrutement les conscrits qu'elle aura été chargée de conduire et les feuilles individuelles de ces conscrits. Le capitaine donnera, sur la feuille de conduite, son récépissé des individus qui lui auront été remis.

166. (930).

Si l'un des conscrits que la gendarmerie sera chargée d'évacuer sur le chef-lieu du département, s'évade de ses mains, elle annotera l'évasion sur la feuille individuelle de ce conscrit, et suivra, dans cette circonstance, les dispositions des articles 914 et 915.

Après qu'une expédition de la feuille individuelle du conscrit évadé aura été remise à la gendarmerie du lieu et au maire, et que récépissé en aura été porté sur la feuille, elle devra être envoyée, par la gendarmerie qui aura laissé échapper le conscrit, au capitaine de recrutement du département.

167. (931).

Si l'un des conscrits qui auront été déposés dans les hôpitaux par les conducteurs de convois, vient à s'évader, l'économe fera de suite mention de l'évasion sur la feuille individuelle qui lui aura été remise, et la rendra au capitaine de recrutement, si l'hôpital est au chef-lieu ; dans le cas contraire, il la rendra à l'officier de recrutement qui aura l'hôpital dans son arrondissement.

Le capitaine ou l'officier de recrutement remettra une expédition de la feuille au maire du lieu de l'évasion, et une autre expédition à la brigade de gendarmerie : il en prendra récépissé sur la feuille.

TITRE VIII. *Des Conscrits à diriger sur les compagnies de pionniers, comme s'étant volontairement mutilés ou mis hors d'état de servir dans la ligne. — Publication des decisions prises contre eux. — Mode à suivre pour les conduire à leur destination. — Compte à rendre sur leur départ et leur incorporation.*

168. (964).

Les conscrits qui, en exécution des articles 205 et 207, devront être envoyés aux pionniers, comme ayant été reconnus, par les conseils de recrutement, s'être volontairement mutilés ou mis hors d'état de servir dans la ligne, seront destinés pour la compagnie de pionniers affectée au département dans l'étendue duquel l'arrestation de ces conscrits aura eu lieu.

169. (965).

A mesure qu'ils seront arrêtés, les conscrits destinés aux pionniers seront déposés dans la maison d'arrêt du chef-lieu du département; ceux qui seront arrêtés dans les cantons, seront conduits au chef-lieu, sous l'escorte de la gendarmerie, et par la correspondance la plus prochaine.

170. (966.)

Les conscrits arrêtés pendant la seconde partie de la session ordinaire du conseil de recrutement, seront réunis, et partiront en un seul convoi, le jour fixé pour le dernier départ des conscrits de la classe dont l'appel aura donné lieu à cette session.

171. (967.)

Ceux qui ne seront arrêtés que pendant la session extraordinaire, ou la première partie de la session ordinaire, seront mis en route aussitôt après leur arrestation.

172. (968.)

Le capitaine de recrutement formera, sur le modèle n° 57, la feuille individuelle servant de contrôle de départ pour chacun des conscrits à envoyer aux pionniers; il remettra cette feuille à la brigade de gendarmerie du chef-lieu, et s'en fera donner récépissé.

173. (969.)

Les conscrits à diriger sur les pionniers seront nduits de brigade en brigade à leur destination.

Chaque jour, la brigade qui les aura conduits ettra les feuilles individuelles à la brigade qui recevra.

Les brigades seront responsables de l'évasion de conscrits, et prendront, pour la prévenir, toutes mesures nécessaires.

174. (970.)

Depuis le jour où ils seront arrêtés jusqu'à celui

Gendarmerie.   4

où ils seront incorporés, les conscrits destinés aux pionniers seront déposés dans les maisons d'arrêt.

175. (971.)

S'il arrive que, pendant la route, un conscrit envoyé aux pionniers s'évade, ou soit déposé à l'hôpital, ou vienne à décéder, la gendarmerie, après avoir rempli les dispositions de la présente Instruction, en ce qui concerne les évasions, les entrées à l'hôpital et les décès, fera parvenir au capitaine de gendarmerie du département, la feuille individuelle revêtue des annotations et des récépissés qui sont prescrits.

Les actes de décès seront joints aux feuilles individuelles que les brigades de gendarmerie auront à envoyer à leur capitaine, en exécution du paragraphe précédent.

176. (972.)

A l'arrivée de chaque conscrit à sa destination, la brigade de gendarmerie qui aura conduit le conscrit, en présentera la feuille individuelle au commandant de la compagnie de pionniers, qui, après s'être servi de cette feuille pour l'inscription du conscrit au registre-matricule, y portera son récépissé, et la rendra ensuite à la brigade.

177. (973.)

Les feuilles individuelles, revêtues du récépissé du commandant de la compagnie de pionniers, seront envoyées par les brigades au capitaine de gendarmerie du département où l'incorporation aura eu lieu.

178. (974.)

Les feuilles individuelles qui auront été envoyées au capitaine de gendarmerie, en exécution des articles 971 et 973, seront, immédiatement après leur réception, remises par cet officier au capitaine de recrutement de son département. Ce dernier les fera de suite parvenir au capitaine de recrutement du département d'où les conscrits auront été mis en route.

Si quelques-uns des conscrits portés sur les feuilles n'appartiennent pas au département d'où ils auront été mis en route, le capitaine de recrutement du point de départ transmettra les feuilles au capitaine de recrutement du domicile.

TITRE XII. *Comptes des Recettes et des Dépenses résultant de l'emploi des Garnisaires au domicile des Conscrits retardataires et réfractaires, des Déserteurs, et de leurs pères et mères.*

179. (1185.)

Lorsque tous les hommes composant un détachement de garnisaires seront rentrés, soit à leurs corps, soit à leur résidence, soit dans leurs foyers, l'officier qui aura été chargé de la direction de ce détachement dressera, sur le modèle ci-joint n° 81, un compte des recettes divisé par commune; et un compte sommaire des dépenses pour la totalité des garnisaires.

180. (1186.)

Les deux comptes prescrits par l'article précédent devront être remis au préfet, par le commandant

4.

des garnisaires, dans les huit jours qui suivront la rentrée totale de ces garnisaires.

Ces comptes seront accompagnés, 1° de tous les comptes particuliers des recettes et dépenses, dressés en exécution des articles 809, 810, 812 et 813; 2° des états contenant les annotations prescrites par l'article 788. Le préfet donnera récépissé de ces états et comptes particuliers, qui auront dû être cotés et paraphés par le commandant des garnisaires.

TITRE XIII. — CHAPITRE V. *Gratification de 25 fr. pour arrestation de chaque réfractaire.*

181. (1253.)

Lorsqu'un conscrit condamné comme réfractaire, ou un conscrit retardataire dans le cas de la condamnation, est arrêté, dans l'intérieur de l'Empire, par un agent civil ou militaire, ou même par un simple particulier, une gratification de 25 francs est due au capteur.

La gratification de 25 francs cesse d'être due, si, au moment de l'arrestation, des garnisaires ou la colonne mobile sont employés, dans la commune où elle s'effectue, à la recherche des conscrits réfractaires ou retardataires.

182. (1254.)

La dénomination d'agens civils et militaires ayant droit à la gratification de 25 francs pour l'arrestation de réfractaires et de retardataires, comprend,

La gendarmerie,

Les sous-officiers de recrutement,

Les sous-officiers et soldats des compagnies de réserve,

Les préposés des douanes,

Les agens de police,

Les gardes-forestiers,

Les gardes champêtres,

Les consignes de place.

SECTION PREMIÈRE. *Formalités à remplir par la Gendarmerie pour obtenir la gratification de 25 francs. — Liquidation et paiement de cette gratification.*

183. (1255.)

A l'expiration de chaque trimestre, le conseil d'administration de gendarmerie de chaque département dressera, dans la forme du modèle n° 89, l'état de toutes les arrestations qui auront été faites, dans le courant du trimestre, par les sous-officiers et gendarmes du département.

184. (1256.)

Le capitaine de recrutement fera connaître, par un certificat porté à la suite de l'état d'arrestation de réfractaires et retardataires, si tous les conscrits capturés ont été conduits au dépôt départemental.

Il ne sera rien accordé pour raison de l'arrestation des conscrits qui ne seraient pas parvenus au dépôt départemental, à moins que ces conscrits n'aient été mis à la disposition de la justice et déposés dans une maison d'arrêt, ou qu'ils ne soient morts depuis leur arrestation : l'extrait d'écrou, ou l'acte de décès, devra être produit suivant le cas.

185. (1257.)

L'état des arrestations faites par la gendarmerie
sera certifié par le préfet, qui déclarera, d'après les
renseignemens existans dans ses bureaux, ou d'après
ceux qu'il se sera procurés, si les conscrits capturés
ont été condamnés comme réfractaires, ou au moins
déclarés tels, soit par ses propres arrêtés, soit par
les arrêtés de ses collègues.

Le préfet désignera nominativement ceux des conscrits qui n'auront point été déclarés réfractaires avant
leur capture.

186. (1258.)

Lorsque les formalités exigées par les divers articles de la présente section auront été remplies, le
conseil d'administration de la gendarmerie du département adressera l'état à son Excellence le premier Inspecteur général de la gendarmerie, qui le
transmettra au Directeur général de la conscription.

187. (1259.)

Le Directeur général arrêtera la liquidation des
sommes dues pour arrestations de réfractaires et de
retardataires, faites par la gendarmerie.

188. (1260.)

Les sommes liquidées seront soldées aux ordonnances directes délivrées par Son Exc. le Ministre
de la guerre; il sera adressé des lettres d'avis de
ces ordonnances aux conseils d'administration de la
gendarmerie.

Les conseils d'administration de gendarmerie,
après avoir touché le montant des ordonnances expédiées en leur nom, le distribueront sans délai.

CHAPITRE VIII et dernier. *Déchéance prononcée contre les demandes en remboursement de dépense, ou en indemnité, ou en gratification, non formées en temps utile.*

189. (1275.)

Le Directeur général renverra sans examen, comme frappée de déchéance, toute réclamation relative au service de la conscription, dont les pièces ne lui parviendront qu'après les six mois qui suivront le trimestre où aura eu lieu la dépense ou l'opération fondant la réclamation.

TABLE

ALPHABÉTIQUE

DES MATIÈRES.

A.

4..

Conscrits arrêtés qui doivent être traités comme rentrés volontairement, 730, 731 et 732.

ARTISTES VÉTÉRINAIRES. Les père et mère des artistes vétérinaires en activité, sont exempts de la solidarité pour frais de garnisaires, 759.

C.

CONSEIL DE RECRUTEMENT. La gendarmerie peut être requise d'assister aux séances que tient le conseil dans sa tournée, 78.

CONTRÔLE DE LA POURSUITE INDIVIDUELLE DES RÉFRACTAIRES. Les feuilles de la seconde expédition du contrôle général sont remises par le Capitaine de recrutement au Capitaine de gendarmerie, qui, de leur réunion, forme son contrôle, 679, 681. — Manière dont est tenu le contrôle de la poursuite individuelle, et concert des divers fonctionnaires à cet effet, 684, 685, 687. — Réunion, par mois, du Préfet, du Capitaine de recrutement, et du Capitaine de gendarmerie, pour extraire du contrôle la situation du département, sous le rapport de la poursuite des réfractaires, 688.

CONVOIS DE RÉFRACTAIRES, RETARDATAIRES ET AUTRES CONSCRITS INSOUMIS. — Dépôt général auquel doivent être envoyés les conscrits réunis au dépôt départemental, 878. — Ces conscrits sont formés en convois éventuels ou périodiques, 878 et 879. — Le Capitaine de recrutement informe le Préfet de la force de chaque convoi, 881. — L'itinéraire des convois est transmis par le Directeur général, 882. — Dispositions à suivre lorsqu'un convoi rencontre ou des conscrits dans un chef-lieu de département, ou un autre convoi, soit dans un chef-lieu de département, soit dans un gîte autre qu'un chef-lieu de département, 883 et 884. — Mesures à prendre par les Préfets, les Commissaires des guerres, les Capitaines de recrutement et les Officiers de gendarmerie, pour la réception des convois dans les gîtes, 887 et 889. — Ce qui doit être fait par

le Commandant de l'escorte lorsque le local préparé
n'est pas convenable, 890. — Au passage des convois,
les brigades de gendarmerie se rendent sur la route
qu'ils doivent parcourir, 894. — Comment doivent être
traités les conscrits composant les convois, 896. —
Précautions à prendre par le Commandant de l'escorte
et le Commandant du convoi, lorsqu'un convoi sé-
journe, 897. — Surveillance à exercer par le Commandant de l'escorte et le Commandant du convoi,
sur les conscrits composant le convoi, 905. — *Voyez*
Evasion.

D.

doit se rendre sur cette route le jour du passage du détachement, 488. — Elle conduit au plus prochain chef-lieu de département les conscrits qui lui sont remis, par le Commandant du détachement, 491. — Elle prend les précautions nécessaires pour prévenir la fuite des conscrits, 492. — Le Commandant de la brigade reçoit la feuille de signalement du conscrit qui lui est remis ; et donne récépissé de l'homme et du signalement, 517. — La feuille de signalement est remise par le Commandant de la gendarmerie au Capitaine de recrutement, 518.

E.

F.

prendre envers les conscrits ou suppléans qui manifestent l'intention de quitter leur détachement ou qui provoquent les autres conscrits à l'abandonner, 515. — Destination à leur donner, 516.

ment, elle cesse d'être comprise dans le compte des
dépenses, 811. — Il en est de même lorsque les portions de détachement retournent à leurs corps, à leur
résidence, ou dans leurs foyers, 812. — Comptes adressés au commandant des garnisaires du département par
le commandant d'un détachement partiel qui retourne
à son corps, à sa résidence, ou dans ses foyers, 813.
— Ce qui doit être fait lors de la réunion de deux détachemens, 1º si le commandant du détachement qui
se réunit à l'autre détachement, n'a pas employé tous
les fonds qu'il a reçus, 824 ; — 2º si ces fonds n'ont pas
suffi pour solder les dépenses, *ibid*. — Pièces à joindre
aux comptes qui doivent être formés par le commandant, 814. — Le commandant des garnisaires remet en
même temps au Préfet les sommes demeurées entre ses
mains, comme ayant excédé les dépenses effectives,
826.

GARNISON. *Voyez* Garnisaires.

GENDARMERIE. Elle doit assister aux opérations des Sous-
Préfets ; 27. — Elle est aux ordres du conseil, lorsqu'il
est en tournée, 78. — Elle doit se trouver sur la route
parcourue par les détachemens de conscrits qui se rendent à leur destination, 158. — Elle conduit au dépôt
départemental du plus prochain chef-lieu de département, les conscrits qui lui sont remis, 491. — Elle
s'occupe de la poursuite des conscrits fuyards en route,
ou évadés des hôpitaux, 508 et 509. — Elle doit arrêter
tout conscrit trouvé hors de la route indiquée par sa
feuille de route, 542. *Voyez* Arrêtés (Conscrits), Convois, Escorte de convois, Garnisaires.

GENDARMES (les) ont droit à la gratification de 25 francs
pour l'arrestation de chaque réfractaire ou retardataire,
1253 et 1254. *Voyez* Gratifications.

GITE DES CONVOIS. *Voyez* Convois de réfractaires.

GRATIFICATION POUR ARRESTATION DE RÉFRACTAIRES. Capteurs qui ont droit à la gratification, 1253 et 1254. —
Circonstance où la gratification cesse d'être due, 1253.

Voyez Gratification de 25 francs due à la gendarmerie pour l'arrestation de chaque réfractaire.

GRATIFICATION DE 25 FRANCS DUE A LA GENDARMERIE POUR L'ARRESTATION DE CHAQUE RÉFRACTAIRE OU RETARDATAIRE. État d'arrestations à former, tous les trois mois, par le Conseil d'administration de gendarmerie de chaque département, 1255. — Certificat à porter à la suite de cet état par le capitaine de recrutement, 1256. — La gratification n'est pas due pour les conscrits arrêtés qui ne seraient pas parvenus au dépôt départemental, *ibid.* — Cas où cette dernière disposition ne doit pas recevoir son application, *ibid.* — L'état formé par le Conseil d'administration de la gendarmerie doit être certifié par le Préfet, 1257. — Cet état est adressé par le Conseil d'administration de la gendarmerie au premier Inspecteur général, 1258. — Transmis par le premier Inspecteur général au Directeur général de la conscription, *ibid.* — Ordonnances directes expédiées au nom des Conseils d'administration de la gendarmerie pour le montant des sommes liquidées, 1260. — Ces Conseils délivrent aux capteurs les gratifications qui leur reviennent, *ibid.*

GRAVEURS DU DÉPÔT DE LA GUERRE. Leurs pères et mères sont exempts de la solidarité pour frais de garnisaires, 759.

H.

HÔPITAL MILITAIRE DU CHEF-LIEU DE LA DIVISION. Mesures à prendre à l'égard du conscrit, 1° lorsqu'il s'évade, 577; 2° lorsqu'il est dirigé sur un corps, 558.

HÔPITAL (Conscrits des détachemens envoyés pendant la route à l'). *Voyez* Malades en route.

HÔPITAL (Conscrits réfractaires et insoumis envoyés à l'). Récépissé donné par l'économe, de la feuille individuelle et du conscrit déposé dans un hôpital sur la route, 918. — *Visa* du contrôle au bas duquel est ce récépissé, 919. — Le commandant de l'escorte consigne

I.

J.

L.

M.

O.

P

R.

S.

FIN DE LA TABLE ALPHABÉTIQUE DES MATIÈRES.

DÉPARTEMENT d

Modèle n° 45.

Art. 724 de l'Instruction générale.

FEUILLE D'ARRESTATION D'UN CONSCRIT.

La présente Feuille sera remise au Capitaine de recrutement, lorsque le Conscrit sera arrivé au chef-lieu du Département où l'arrestation aura eu lieu.

NOM, PRÉNOMS et Signalement du Conscrit.	No 2 Conscrit de la classe de Canton d fils d domiciliés à Département d à Département d cheveux yeux nez menton teint profession	prénoms de la commune d Département d et d Canton d né le Canton d taille d sourcils front bouche visage marques particulières	Arrêté le par (1) Remis à la Brigade d le Remis à la Brigade d le Remis à la Brigade d le Remis à la Brigade d le Remis à la Brigade d le		(2) (2) (2) (2) (2)	(1) Indiquer le nom de celui qui a arrêté, et sa qualité. (2) Prendre et faire porter sur cette feuille le récépissé des Brigades.
MOTIFS de son Arrestation.						
RENSEIGNEMENS extraits des papiers dont il était porteur.						(3) Faire porter de même sur cette feuille le récépissé de l'Agent en chef de l'hôpital. La Brigade qui aura déposé le conscrit à l'hôpital, demeurera chargée de continuer son escorte, lorsqu'il en sortira ; en conséquence, elle gardera la présente feuille.
Ses Réponses.			Déposé à l'hôpital d le		(3)	
Autres renseignemens acquis par la Brigade.						

Vu par le Capitaine de Gendarmerie,

le

Gendarm.

A

Certifié la présente feuille par moi (4)

le

(4) Maréchal-des-logis ou Brigadier de Gendarmerie commandant la Brigade d

www.ingramcontent.com/pod-product-compliance
Lightning Source LLC
Chambersburg PA
CBHW070853280326
41934CB00008B/1418